BEI GRIN MACHT SICH IHR WISSEN BEZAHLT

- Wir veröffentlichen Ihre Hausarbeit,
  Bachelor- und Masterarbeit

- Ihr eigenes eBook und Buch -
  weltweit in allen wichtigen Shops

- Verdienen Sie an jedem Verkauf

Jetzt bei www.GRIN.com hochladen und kostenlos publizieren

Pädagogische Konzepte und Interventionen. Problem Based Learning und Evaluation

Anna-Maria Burchard

Bibliografische Information der Deutschen Nationalbibliothek:

Die Deutsche Nationalbibliothek verzeichnet diese Publikation in der Deutschen Nationalbibliografie; detaillierte bibliografische Daten sind im Internet über http://dnb.d-nb.de abrufbar.

ISBN: 9783346436221
Dieses Buch ist auch als E-Book erhältlich.

© GRIN Publishing GmbH
Nymphenburger Straße 86
80636 München

Druck und Bindung: Books on Demand GmbH, Norderstedt Germany
Gedruckt auf säurefreiem Papier aus verantwortungsvollen Quellen

Das Buch bei GRIN: https://www.grin.com/document/1027277

Pädagogische Konzepte und Interventionen

Einsendeaufgabe
Alternative B

SRH Fernhochschule – The Mobile University

Modul: Pädagogische Konzepte und Interventionen
Studiengang: B. Sc. Psychologie

Von
Anna-Maria Burchard
Psychologie (B.Sc.)

Inhaltsverzeichnis

Abkürzungsverzeichnis

Aufl.	Auflage
bspw.	beispielsweise
bzgl.	bezüglich
bzw.	beziehungsweise
d. h.	das heißt
Ebd.	Ebenda
et. al.	et alii
f.	folgende Seite
ff.	folgende Seiten
PBL	Problem-based Learning
S.	Seiten
u. a.	unter anderem
usw.	und so weiter
Vgl.	Vergleiche
z. B.	zum Beispiel

Abbildungsverzeichnis

1. Aufgabe

1.1 Theoretische Grundlagen pädagogischer Konzepte

Generell handelt es sich bei einem pädagogischen Konzept um eine schriftliche Reproduktion der pädagogischen Arbeit innerhalb einer pädagogischen Institution und soll erläutern, welche Gruppen innerhalb dieser Organisation (bspw. Bildungseinrichtung) mit welchen fachlichen Verfahren zu welchen Zielen gelangen möchten.[1]

Somit können pädagogischen Konzepte als Prozesse innerhalb des Bildungsbereiches bzw. deren Rahmenbedingungen beschrieben werden, die die Zusammenfassung der pädagogischen Arbeit, die Zielgruppe, die fachlichen Methoden und deren Organisationsprozesse beinhalten. Dies bedeutet, dass ein Konzept ein Handlungsmodell darstellt, das auf die Ziele der Institution ausgerichtet ist und somit die ideelle Grundlage innerhalb einer pädagogischen Überzeugung für das Handeln innerhalb einer Einrichtung bildet. Im Bereich der Pädagogik sind vor allem reformpädagogische Konzepte von Maria Montessori, Rudolf Steiner oder Johann Heinrich Pestalozzi zu nennen.[2]

1.2 Kriterien pädagogischer Konzepte

Knauf versteht unter einem pädagogischen Konzept ein definiertes System pädagogischer Überzeugungen, das historisch entstanden ist, sich bewusst von anderen Ansätzen abgrenzt und Konsequenzen für eine professionelle pädagogische Praxis beinhaltet.[3]

Als Ziele innerhalb einer Konzeptionsentwicklung können beispielsweise genannt werden: die Entwicklung eines gemeinsamen Bildungsverständnisses und eines entsprechenden ganzheitlichen pädagogischen Ansatzes, der von allen Mitarbeitern weitgehend mitgetragen und umgesetzt wird; die Strukturierung des pädagogischen Alltags durch klare Zielsetzung und Leitlinien; die Reflexion der gegenwärtigen Arbeit; die Information für die Eltern über die pädagogische Arbeit (z. B. als Entscheidungshilfe für Externe); Informationen für den Träger und für die weitere Öffentlichkeit über das spezielle Profil der Einrichtung sowie Orientierungshilfen für neue Mitarbeiter oder die Darstellung der eigenen Professionalität.[4]

1.3 Aspekte des Lernens und Lehrens

Als wichtigste Zieldimension innerhalb der meisten Bildungsprozesse zählt der Erwerb von Wissen („knowledge acquisition"). Im Kontext von Schule, Hochschule und Weiterbildung wird für diesen Wissenserwerb der Begriff „Lernen" gebraucht. Ein gelungener Wissenserwerb ist von verschiedenen Faktoren abhängig. Hierzu zählen neben

---

[1] Vgl. Nungäßer (2017), S. 32.
[2] Vgl. Einwanger (2015), S. 81.
[3] Vgl. Knauf (2003), S. 244.
[4] Vgl. Krenz (1996), S. 13f.

bestimmten zerebralen Vorraussetzungen Vorwissen, Intelligenz, Selbststeuerung, Motivation sowie Emotion und Persönlichkeit des Lernenden.[5]

Vorwissen wird als das gesamte Wissen einer Person bezeichnet, das vor einer Lernaufgabe zur Verfügung steht, in Schemata strukturiert, deklarativ und prozedural repräsentiert, teilweise explizit und teilweise implizit vorhanden ist, eine natürlich Dynamik beinhaltet und als Wissensfundus verfügbar ist.[6] Intelligenz hingegen bezieht sich auf die Fähigkeit zur Anpassung an neuartige Bedingungen und zur Lösung neuer Probleme auf Grundlage vorangegangener Erfahrungen.[7] Unter Selbststeuerung wird die Fähigkeit eines Menschen verstanden, das eigene Verhalten zu beobachten, zu bewerten, gezielt zu verstärken und an eigenen Zielen flexibel auszurichten. Motivation kann innerhalb dieses Kontextes als aktivierende Ausrichtung des aktuellen Lebensvollzugs auf ein positiv bewertetes Ziel (bzw. auf das Vermeiden eine negativen Zustandes) beschrieben werden.[8] Ebenso sind Emotionen und deren Regulation sowie die Persönlichkeit von erheblicher Bedeutung, um mithilfe bestimmter Grundeinstellungen gegenüber dem Lernen positive Effekte zu erzeugen.[9]

Im Vergleich hierzu bilden aufseiten der Lehrenden nachhaltiges Fördern und Unterrichten sowie Lehrerprofessionalisierung und -expertise zentrale Aspekte, die den Fokus beispielsweise auf Identifikation passender Lernstrategien, diagnostische Kompetenz bei der Beurteilung von Leistungen oder die Gestaltung der Lernumgebung stellen.[10] Lehrziele bzw. Lernresultate können hierbei innerhalb des Unterrichts als langfristig organisierte Abfolge von Lehr- und Lernsituationen beschrieben werden, die der Erweiterung von Wissen und dem Erwerb von Fähigkeiten der Lernenden dient.[11] Um eine lernwirksame und motivationsfördernde Lernumgebung zu schaffen sind die Auseinandersetzung mit fachlich relevanten Themen, Konzepten und Kernideen seitens der Lernenden Grundvoraussetzung. Diese Inhalte sollten seitens der lehrenden Person korrekt, verständlich und kohärent präsentiert und zudem im Austausch auf konstruktiver und inhaltsbezogener Ebene erläutert werden. Ziel ist es, die Lernenden systematisch zur Selbststeuerung ihrer Lernprozesse und der Aneignung von Lernstrategien anzuregen und durch eine optimale Lernsituation in der Ausbildung ihrer megakognitiven Fähigkeiten zu unterstützen.[12]

1.4 Pädagogische Psychologie und Philosophie

Aus historischer Sicht ist festzustellen, dass der Ursprung der Pädagogischen Psychologie in den Disziplinen der Pädagogik und der Philosophie zu verorten ist. Gerade die

---

[5] Vgl. Renkl (2020), S. 4.
[6] Vgl. Dochy (1994), S. 4699.
[7] Vgl. Gruber/Stamouli (2020), S. 29.
[8] Vgl. Schiefele/Schaffner (2020), S. 164.
[9] Vgl. Woolfolk (2014), S. 396f.
[10] Vgl. Hasselhorn (2020). S. 59.
[11] Vgl. Lipowsky (2020), S. 70.
[12] Ebd., S. 106.

Ideen von Jean Jacques Rousseau, Johann Heinrich Pestalozzi, Johann Friedrich Herbart oder Friedrich Fröbel wurden innerhalb der pädagogischen Psychologie aufgegriffen und weiterentwickelt.[13] Gleichzeitig wurden bereits im 19. Jahrhundert Lehrer an Gymnasien von Professoren der Philosophie über die psychologischen Grundlagen des Lehrens und Lernens geschult und dazu angeleitet wurden, sich pädagogisch-psychologisches Fachwissen anzueignen.[14] Diese grundlegenden Begriffe des Lehrens und Lernens sind als feststehende Entitäten innerhalb beider Disziplinen zu finden, wobei die pädagogische Psychologie das Ziel verfolgt, dem Individuum Wissen zu vermitteln bzw. die Frage nach den optimalen Voraussetzungen bezüglich der Aneignung dieses Wissens stellt, wohingegen die Philosophie versucht, die Frage nach der Existenz des Individuums zu erklären.[15] Hieraus kann ein Zusammenhang zwischen dem Erkennen der Welt und dem Lernen über diese Welt erfolgen, welcher ohne einer dieser beiden Disziplinen nicht möglich wäre.

Auch bezüglich der philosophischen Erkenntnistheorie des Konstruktivismus ist festzustellen, dass diese vormals philosophische Theorie auch in der pädagogischen Psychologie an Bedeutung gewonnen hat und in der Praxis sowohl innerhalb der Pädagogik als auch der Psychologie zu finden ist und sowohl in Unterrichtsplänen als auch in der pädagogischen Beratung verwendet wird.[16]

---

[13] Vgl. Krapp (2021), S. 38.
[14] Ebd., S. 53.
[15] Vgl. Göhlich/Zirfas (2007), S. 12f.
[16] Vgl. Mietzel (2017), S. 31f.

1.5 Pädagogische Psychologie und Pädagogik

Generell lässt sich die klassische Psychologie im Vergleich zur Pädagogik durch die Verortung des Begriffs des Lernens differenzieren. Die Pädagogik stellt auf Grundlage des erziehungsbeeinflussten Lernens die Situation in den Vordergrund, während die Psychologie beim Lernen das Individuum in den Vordergrund stellt.[17] Während Pädagogen den Prozess der zielorientierten Veränderungen innerhalb spezifischer Bildungskontexte in den Fokus setzen, stellen die Psychologen grundsätzlich das Individuum und die die Ausgangsbedingungen für Bildungs- und Lernprozesse in den Mittelpunkt.[18]

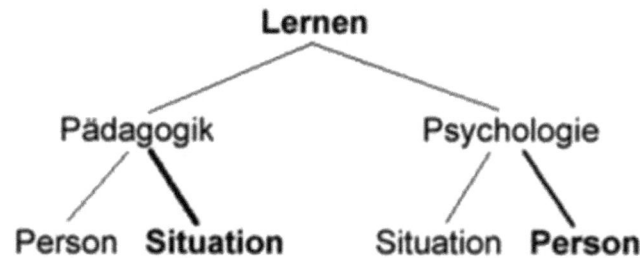

Abbildung 1: Betrachtungsperspektiven des gleichen Gegenstandes.[19]

Dennoch besitzt Pädagogische Psychologie ebenso wie die Pädagogik eine spezifische pädagogische Fragehaltung, welche als Frage „aus erzieherischer Verantwortung" beschrieben werden kann und als primär praktisch-aktive Einstellung anzusehen ist, die innerhalb einer Handlung bezüglich eines anvertrauten Individuums seine menschliche Entwicklung zu einem bestimmten Ziel führen soll.[20]

Da sich die Pädagogische Psychologie mit der Beschreibung, Erklärung und Optimierung menschlichen Erlebens und Verhaltens in Erziehungs- und Bildungsprozessen unter der Annahme eines andauernden und lebenslangen Lernens befasst und nicht ausschließlich auf den schulischen Kontext bezieht,[21] dient sie als ein Verbindungsstück zwischen Psychologie und Pädagogik. Hierbei wird Pädagogik als allgemeine Sammelbezeichnung auf Erziehung und auch Ausbildung verschiedenster Personengruppen sowie die kritische Auseinandersetzung mit den ihr zugrunde liegenden Wertvorstellungen angewandt. Diesbezüglich beziehen sich die Zielvorstellungen der Pädagogik auf oberste Werte, von denen Normen abgeleitet werden, was darin begrün-

---

[17] Vgl. Plassmann/Schmitt/Braun (2007).
[18] Vgl. Nungäßer (2017), S. 18.
[19] Vgl. Plassmann/Schmitt/Braun (2007).
[20] Vgl. Döpp-Vorwald (2016), S. 108.
[21] Vgl. Hasselhorn (2020), S. 59.

det liegt, dass Pädagogik der Geschichte sowie gesellschaftlichen Funktionen unterliegt und ihre Theorien und Praxen nur unter Zunahme von historisch-sozialen Kontexten erklärbar wird.[22] Ebendiese Perspektive setzt wiederum eine Querverbindung zur Psychologie, die ebenso Theorien zur Sozialisation des Menschen und der Interaktion zwischen Individuen miteinbezieht und diese in der Praxis beispielsweise im Bereich der Verhaltensauffälligkeiten einsetzt.[23]

1.6 Zusammenfassung

Zusammenfassend ist festzustellen, dass die eigenständigen Disziplinen Philosophie, Pädagogik und Pädagogische Psychologie trotz differenzierter Theorien, Forschungsmethoden und Techniken das menschliche Individuum, seine Bedürfnisse und Eigenschaften in den Mittelpunkt stellen und unter ständiger gegenseitiger Beeinflussung einen Austausch innerhalb eines wissenschaftlichen Zusammenspiels führen.

2. Aufgabe

2.1 Problem-based Learning (PBL)

Das Problem-based Learning nahm in den 1960er Jahren an der Universität für Medizin in Kanada seinen Anfang und wird mittlerweile weltweit an vielen Universitäten, Fachhochschulen, Berufsschulen, Volkshochschulen oder in der Ausbildung von Lehrpersonen genutzt. Innerhalb der weltweiten Trendwende, die sich weg von der Instruktionsdidaktik und hin zu einer Didaktik der Lernprozessbegleitung bewegte, hat sich das Konzept des Problem basierten Lernens als eigenständige Disziplin etabliert. Hierbei handelt es sich um einen Prozess, bei dem anhand eines konkreten Problems gelernt werden soll, wobei das Lernen innerhalb dieses Prozesses wichtiger als die eigentliche Lösung des Problems ist.[24]

Das Problem-Based Learning ermöglicht eine ausgesprochen vielfältige Gestaltung der Anwendung, deren Anspruch in der sinnvollen Anpassung an die jeweiligen veränderungsunterworfenen Lern-Umstände liegt. Daher wird Problem-Based Learning auch als ein nicht statisches Konstrukt beschrieben,[25] denn genau in dieser expliziten Flexibilität liegt seine Stärke.

2.2 Grundlagen des PBL

Das PBL entspricht weitgehend der konstruktivistischen, kognitiven und neurowissenschaftlichen Lernpsychologie und zeigt eine konkrete Lösung bezüglich der Frage nach einem State-of-Art-Lernen, das dem neuesten empirisch belegten Wissens- und Erkenntnisstand entspricht.[26] Zudem werden aktuelle Postulate integriert, die den Fokus von der Lehrperson auf den autonomen Lernenden auf Problemorientierung und

---

[22] Vgl. Stangl (2021).

[23] Vgl. Hannover/Zander/Wolter (2014), S. 146f.

[24] Vgl. Weber (2007), S. 12ff.

[25] Vgl. Engel (1997), S. 17f.

[26] Vgl. Weber (2007), S. 17.

forschendes Lernen legen,[27] was letztlich zu einem Rollentausch zwischen Lehrendem und Lernendem führt.[28] Somit wird aus dem Dozierenden ein Moderator, der die Aufgabe der Steuerung und Stimulation der Prozesse innerhalb der Gruppe sowie das organisierte und selbstständige Handeln und Bearbeiten der vorgegebenen Problemstellung übernimmt. Gleichzeitig bedeutet dies für den Tutor in Problemsituationen zu intervenieren, Erkenntnisprozesse zu begleiten und somit neben einer hohen Fachkompetenz auch methodische Kompetenzen zu zeigen.[29] Dies bedeutet in der Praxis, dass der Lehrende zusätzlich zu einer sorgfältigen Planung geeignete Problemstellungen als Ausgangspunkt formulieren muss, die sich auf bereits angeeignetes Wissen (bspw. aus früheren Vorlesungen) und als Grundlage für die Analyse des Problems nutzen lassen. Zudem gibt er in parallelen Veranstaltungen diesbezügliche Informationen weiter.[30]

Hierzu finden sich beispielsweise zu Beginn einer Lehrveranstaltungsreihe Lernende in Gruppen zusammen und erhalten eine Problembeschreibung, auf deren Grundlage jede Gruppe einen individuellen Lehrplan erstellt, der Informationen zur Problemstellung beinhaltet, um eine Problemlösung zu entwickeln. Über den Austausch der Lernenden bezüglich der Recherche des Einzelnen wird daraufhin geprüft, ob die Lösung des Problems bereits möglich ist oder weitere Aufgaben verteilt werden müssen. Als Abschluss werden die erarbeiteten Lösungsvorschläge gruppenübergreifend vorgestellt und diskutiert.[31]

---

[27] Ebd., S. 18.
[28] Vgl. Skelin/Schlueter/Rolle/Gädicke (2008), S. 242f.
[29] Vgl. Stalmeijer/Dolmans/van Berkel/Wolfhagen (2010), S. 159ff.
[30] Vgl. Ricken/Roters/Scholkmann (2009), S. 8.
[31] Ebd., S. 7.

(1) Problem (konstruiert von den Verantwortlichen des Curriculums)[7] Beschreibung der Phänomene, die erklärt werden müssen. Basierend auf realen Fällen aus der professionellen Praxis. Das Material stimuliert das intrinsische Interesse. Es steuert den Lernprozess.	**(2) Diskussion in Lerngruppe** (mit der Siebensprung-Methode) Definition von Wissenslücken. Förderung problemlösender Fähigkeiten. *Das Vorwissen wird aktiviert.* Soziale Motivation und Lernen am Modell der andern. Gewöhnung an ein reguläres Arbeiten. Training der Diskussions- und Sitzungsfähigkeiten.
(4) Diskussion der Ergebnisse in der Gruppe Synthese und Überprüfen der Ergebnisse in Bezug auf das Problem. *Integration des Wissens in dass Langzeitgedächtnis. Transfer des Wissens auf neue Situationen.*	**(3) Selbststudium** Entwicklung der Fähigkeit, das wesentliche Material zu erkennen. Training von Recherchefähigkeiten. Autonomes Arbeiten, Training der Selbststudien-Fähigkeiten. Interdisziplinärer Zugang zum Lösen des Problems. Transformationslernen: Integration von Wissen in die Schemata des Gedächtnisses (Wissenszuwachs, Restrukturierung und Anpassung der kognitiven Schemata).

Abbildung 2: Das Geschehen währen des Problem-based Learnings nach Barrows (1996).[32]

2.3 Lernen mit PBL

Da Lernen nicht ausschließlich kognitiv geschieht, sondern auch emotional und sozial und auf den Erwerb von Fähigkeiten und Kompetenzen abzielt, muss die Kompetenzentwicklung und -förderung eine ausreichende Breite an Lernkontexten und Transfersituationen beinhalten. Grundlegend hierfür entspricht gerade das Problem-based Learning diesen Ansprüchen und kann als zukunftsfähiges Lernen bezeichnet werden.[33]

Es wird davon ausgegangen, dass durch PBL Selbststeuerung, soziale und kommunikative Kompetenzen, nachhaltiges Lernen, interdisziplinäres Denken, Transfer, Problemorientierung sowie Handlungs- und Praxisrelevanz und der Umgang mit Informationstechnologie gefördert werden. Dies hängt damit zusammen, dass innerhalb des PBL die Lernenden ihr Lernen als aktive, selbstverantwortlich und selbstgesteuerte Handlung erfahren und gleichzeitig ihre soziale und kommunikative Kompetenz sowie auch ihre Personalkompetenz positiv beeinflussen. Dies zeigt sich laut Vygotski (1978) unter anderem in einem erhöhten intellektuellen Niveau. Ebenso profitieren Lernende durch gegenseitige Motivation, eine gesteigerte Teamfähigkeit oder auch die Übernahme von Verantwortung. Bezüglich der Nachhaltigkeit werden durch die Aktivierung

---

[32] Vgl. Weber (2007), S. 14.
[33] Ebd., S. 18.

des Vorwissens und die Integration von neuen Inhalten in bereits vorhandene Strukturen neuronale Verknüpfungen modifiziert, erweitert und vertieft sowie durch das tiefe Verstehen eine Verbesserung der Verknüpfung mit dem Langzeitgedächtnis festgestellt. Entsprechende Inhalte werden im Langzeitgedächtnis besser abgespeichert. Gerade das durch PBL entstehende interdisziplinäre Denken wird als realitätsnäher deklariert als der Erwerb von Einzelfakten. Ebenso wird durch die Transferförderung neben dem allgemeinen Wissenserwerb der Erwerb von situativem Wissen für ähnliche Problemstellungen nutzbar gemacht. Gerade die Praxis- und Lebensnähe innerhalb einer authentischen Problemaufgabe fördert das kritische und forschende Denken und führt zu anwendungsorientierter Handlungskompetenz. Zusätzlich wird durch den Umgang mit Informations- und Kommunikationstechnologie in Form von Internet- und Datenrecherche oder die Nutzung bildgestützter Materialien der selbstgesteuerte Wissenserwerb gefestigt und erweitert.[34]

2.4 Siebensprungmethode nach PBL

Das Kernstück des Problem-based Learnings ist die Bearbeitung des Problems mit der Siebensprungmethode (Seven Jump) der Universität Maastricht, die Parallelen zum erkenntnisorientierten Unterricht oder dem Vorgehen innerhalb empirischer Forschungsprozesse aufweist.[35]

Zu Beginn wird in der **Phase der Begriffsklärung** die Klärung unbekannter Begriffe angestrebt. Hierzu wird die Fallgeschichte bzw. die Problemstellung von allen Anwesenden gelesen und inhaltliche Unklarheiten innerhalb einer Diskussionsrunde geklärt. Hierdurch entsteht die erste positive Interdependenz und das Gefühl der individuellen Verantwortung für die Gruppe. Daraufhin folgt innerhalb der **Phase der Problemdefinition** die Eingrenzung der Thematik, die unterschiedliche Perspektiven berücksichtigen muss, um die Definition der Problematik bestimmen zu können. Aus didaktischer Sicht dient diese Phase dazu, dass sich die Studierenden das zu bearbeitende Problem aneignen bzw. sich mit der Aufgabe identifizieren. Auch ermöglichen die Formulierungen von Teilproblemen verschiedene Perspektiven und erste Ordnungen der Thematik. Nachdem die Gruppe eine Problemdefinition erarbeitet hat, können innerhalb der **Problemanalyse bzw. Brainstorming-Phase** Hypothesen und Ideen formuliert werden, die durch assoziatives Denken oftmals eine Fülle an weiterer Ideen mit sich bringt und neue Aspekte hervorbringt. Gleichzeitig wird innerhalb dieser Phase die Methode der Cognitive Flexibility gefördert, die besonders in komplexen, wenig strukturierten Wissensbereichen verlangt ist. Zudem profitiert die Fähigkeit, Wissen in Anpassung an situative Anforderungen spontan wiederzugeben. Die nächste **Phase** dient der systematischen **Ordnung der Hypothese und Ideen** und sollte ohne Vorgabe bestimmter Systematiken als Orientierungshilfe stattfinden, um die Studierenden dazu anzuregen, eigenständige Ordnungssysteme innerhalb komplexer Wissensgebiete zu entwicklen. Im Anschluss daran dient die **Phase der Lernzielformulierung**

---

[34] Vgl. Weber (2007), S. 19ff.
[35] Ebd. (2007), S.10.

dazu zu klären, welche Sachverhalte bereits bekannt und welche noch erarbeitet werden sollen. Somit formulieren die Studierenden in konstruktivistischer Logik auf Grundlage der bisherigen Informationen eigene Lernziele, denen sie sich verpflichtet fühlen (Commitment) und gleichzeitig die Handlungs- und Selbstregulation anregen. Ebendiese formulierten Lernziele werden in der **Phase des Selbststudiums** eigenständig mithilfe verschiedener Quellen (Literatur, Expertenbefragung, Internet u. a.) bearbeitet. Abschließend erfolgt die **Phase der Synthese**, in der die Teilnehmer ihr erarbeitetes Wissen der Recherchearbeit zusammentragen und erneut diskutieren. Hinzuzufügen ist, dass das Ziel hierbei nicht die eindeutige Lösung des Problems ist, sondern vielmehr verschiedene Lösungen dargestellt werden sollen.[36]

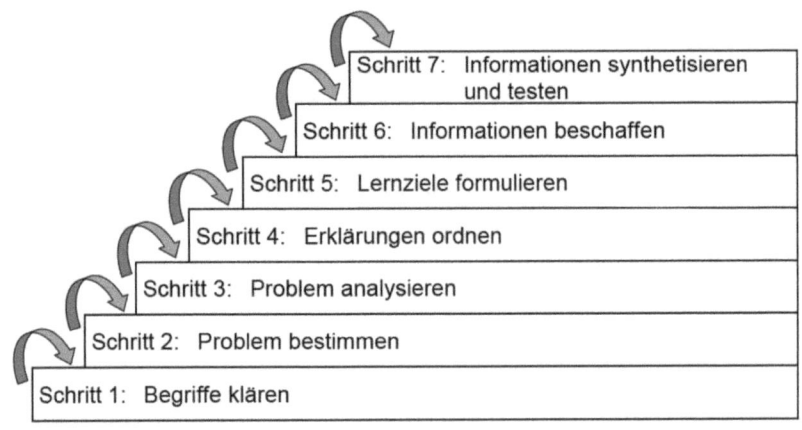

Abbildung 3: Siebensprung-Methode der Universität Maastricht nach Weber.[37]

2.5 Transfer in die Praxis

Die Bachelor-Studierenden der SRH Hochschule in Riedlingen sollen anhand eines Praxisbeispiels die Relevanz des PBL bezüglich Problemlösungskompetenz, Kommunikations- und Teamfähigkeit innerhalb eines strukturierten Lernprozesses kennenlernen.

Das Fallbeispiel wird wie folgt dargelegt:

Claudia und ihre beste Freundin Sandra kennen sich seit dem Kindergarten und sind für das Studium in eine gemeinsame Wohngemeinschaft gezogen. Claudia ist eine

---

[36] Vgl. Marx/Götze (2018), S. 196ff.
[37] Vgl. Marx/Götze (2018), S. 192.

ausgeglichene und eher zurückhaltende Person, während Sandra sich in den letzten Jahren zu einer stark extravertierten und oftmals auffälligen Person verändert hat, die Claudia häufig übergriffig behandelt oder übergeht, weswegen oftmals Konflikte entstehen. Da Claudia im dritten Semester Psychologie studiert und neulich das Modul zur Persönlichkeitspsychologie abgeschlossen hat, macht sie sich nun Gedanken darüber, ob man Sandras egoistisches Verhalten mithilfe der Persönlichkeitspsychologie erklären kann.

Beispielhaft wird innerhalb der **Phase der Begriffsklärung** von den Studenten versucht, Anknüpfungspunkte aus der Persönlichkeitspsychologie zu finden, die die Verhaltensrealität von Sandra definieren, was zu einer Auseinandersetzung mit Persönlichkeitsvariationen und -klassifikationen führt. Anschließend definieren die Studierenden nun die konkrete Aufgabe und identifizieren Wissensdefizite **(Phase der Problemdefinition)**. Im daraufhin folgenden Brainstorming werden die Aspekte der Persönlichkeitsprofile und Persönlichkeitstypen gesammelt und verschieden Hypothesen aufgestellt, wie bspw. eine Verhaltenserfassung oder Eigenschaftsbeurteilung Sandras aussehen könnte. Die Resultate dieser **Phase des Brainstormings** werden gesammelt und innerhalb der Gruppe diskutiert. Folgend können die gesammelten Ergebnisse differenziert und verwertbare Hypothesen geordnet werden **(Phase der Ordnung der Hypothesen und Ideen)**. Hierbei ist die Bewertung der Hypothesen hinsichtlich des fachlichen Rahmens an die persönlichkeitspsychologischen Grundlagen gebunden. Nun können die Lernziele formuliert werden um die Fragestellung zu bearbeiten **(Phase der Lernzielformulierung)**. An dieser Stelle endet die Gruppenarbeit und autonome Recherchen mithilfe medialer Ressourcen finden innerhalb eines Selbststudiums statt **(Phase des Selbststudiums)**. Hierzu verwenden die Studenten Fachliteratur aus der Online-Bibliothek der Hochschule, nutzen Google Scholar und weitere wissenschaftliche Quellen. Abschließend werden sämtliche Resultate in der Gruppe präsentiert, diskutiert und überprüft. Wichtige Informationen werden festgehalten und bezüglich Sandras Persönlichkeitsprofil kritisch reflektiert **(Phase der Synthese)**.

2.6 Zusammenfassung

Zusammenfassend lässt sich festhalten, dass das PBL vielversprechende Perspektiven in der Schul-, Berufs- und Weiterbildung bietet, die einen lebensnahen, selbstgesteuerten methodischen Weg unter Einbezug des Vorwissens der Lernenden sowie alter und neuer Medien nachhaltig und transferwirksam umsetzen kann. Aufbauend auf der konstruktivistischen Lerntheorie und Erkenntnissen der Neurowissenschaften sowie der kognitiven Psychologie bezieht diese Form des Lernens die unterschiedlichen Bedürfnisse der Lernenden ein und transferiert Wissen kritisch-konstruktiv im Kontext des kompetenzorientierten und kollaborierten Lernens.

3. Aufgabe

3.1 Evaluation

Der Begriff Evaluation bedeutet laut Reischmann die Erfassung und Bewertung von Prozessen und Resultaten hinsichtlich der Wirkungskontrolle, Steuerung und Reflexion im Bildungsbereich.[38] Kromrey fügt hinzu, dass es mittlerweile eine geradezu inflationäre Verwendung des Begriffs in unterschiedlichsten Varianten bestehe, weswegen er Evaluation als irgendetwas von irgendjemanden nach irgendwelchen Kriterien in irgendeiner Weise bewertet definiert.[39] Die deutsche Gesellschaft für Evaluation (DeGEval) hingegen definiert Evaluation als systematische Untersuchung des Nutzens oder Wertes eines Gegenstandes (z. B. Politik, Technologie oder Maßnahmen), dessen Ergebnisse, Schlussfolgerungen oder Empfehlungen nachvollziehbar auf empirisch gewonnenen qualitativen Daten beruhen. Im Zusammenhang mit pädagogischen Konzepten dient die Evaluation als systematische Analyse und Bewertung des aktuellen Status der pädagogischen Praxis und deren Optimierung.[40]

Je nachdem zu welchem Zeitpunkt eine Evaluation durchgeführt und von wem sie geleitet wird, kann zwischen verschiedenen Formen und Arten unterschieden werden. Die praxisorientierte Evaluation dient der konkreten Analyse des aktuellen Zustandes der pädagogischen Arbeit, während die theoretische Evaluation einen wissenschaftlichen Erkenntnisgewinn zum Ziel hat. Die entwicklungsorientierte Evaluation hingegen strebt an, ausgewählte Hilfsmittel zu optimieren.[41]

Außerdem kann in Selbst- und Fremdevaluation sowie in formative und summative Evaluation unterschieden werden. Bei der Fremdevaluation werden häufig Personen mit der Bewertung beauftragt, die nicht der zu evaluierenden Institution angehören, sondern lediglich für die professionelle Durchführung der Evaluation hinzugezogen werden. Bei der Selbstevaluation sind die Akteure selbst diejenigen, die die Daten erheben und auswerten, was den Vorteil hat, dass eine externe Wissensvermittlung entfällt, da die Akteure komplexes internes Hintergrundwissen besitzen.[42] Gerade im Bereich der Schulen ist Selbstevaluation in den letzten Jahren fester Bestandteil der Schulentwicklungsprozesse geworden. Die Weiterentwicklung und Qualitätsverbesserung der schulischen Arbeit steht dabei im Zentrum.

Die formative Evaluation ist das Gegenteil der summativen Evaluation und hat die Optimierung des Evaluationsgegenstandes zum Ziel, während dieser sich noch in der Entwicklungsphase befindet, und kann als „Frühwarnsystem genutzt werden, da Schwächen frühzeitig erkannt und korrigiert werden können.[43] Die Ergebnisse der formativen Evaluation werden in der Regel intern genutzt. Eine formative Evaluation wird

---

[38] Vgl. Fachhochschule Dortmund (2018).
[39] Vgl. Kromrey (2001), S.105f.
[40] Vgl. List-Ivankovic (2013), S. 16f.
[41] Vgl. Gollwitzer/Jäger (2014), S. 28.
[42] Vgl. Döhring/Bortz (2016), S. 900.
[43] Vgl. Scriven (1991), S.168f.

in der Literatur häufig als Prozessevaluation bezeichnet, wobei ein Prozess auch summativ evaluiert und bewertet werden könnte.[44]

Bei der summativen Evaluation steht die Kontrolle und Bewertung am Ende des Prozesse, weswegen das Ergebnis im Zentrum steht. Formative und summative Evaluation haben also grundsätzlich einen anderen Fokus, wobei es gerade bei pädagogischen Projekten sinnvoll ist, beide Formen zu nutzen.[45]

3.2 Evaluation im Bereich der pädagogische Psychologie

Da Evaluationen in verschiedensten Bereichen stattfinden, erhalten sie durch den jeweiligen Evaluationskontext ihre individuelle Note. In der pädagogischen Psychologie werden diese hauptsächlich in Form von Programmen zur Intervention oder innerhalb der Prävention angewendet und erfolgen überwiegend zum Zweck der Bewertung des schulischen Unterrichts oder zur Evaluation von Forschungsmaßnahmen.[46] Generell ist jedoch festzustellen, dass pädagogische Handlungen besonders schwer zu bewerten sind, da sie von den konkret am Leistungsprozess beteiligten Menschen abhängig sind und es zum Teil widersprüchliche Meinungen über den Begriff der Bewertungsmaßstäbe sowie der Definition von Qualität gibt.[47] Trotzdem ist gerade die Evaluation in der pädagogischen Arbeit von großer Bedeutung, da diese oftmals mit der Bewilligung öffentlicher Zuschüsse zusammenhängt. Hierbei kann die Effizienz der Trainingsmaßnahmen ebenso wie die Güte der Mittagsbetreuung oder einer Arbeitsgemeinschaft evaluiert werden, der als primäres Ziel eine Optimierung zugrunde liegt.

---

[44] Vgl. Stufflebeam (1072), S. 135.
[45] Vgl. Scriven (1972), S.64).
[46] Vgl. Köller (2015), S. 330.
[47] Vgl. Beywl/Bestvater (1998), S. 37.

3.3 Vier-Ebenen-Modell nach Kirkpatrick

Das am weitesten verbreitete Model in der Praxis der Evaluation ist das Vier-Ebenen-Modell von Kirkpatrick und umfasst vier Ebenen, die in Reaktionsebene, Ebene des Lernens, Verhaltensebene und Ebene der Resultate differenziert werden.[48]

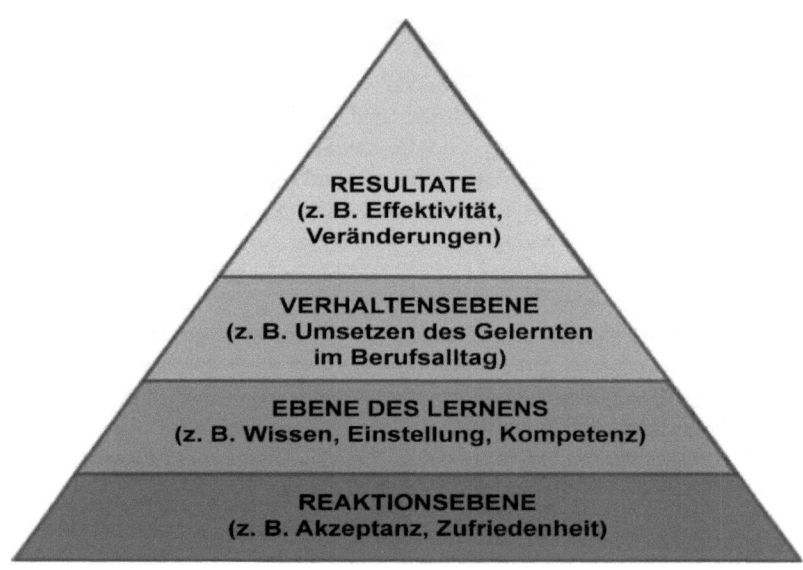

Abbildung 4: Vier Ebenen der Evaluation nach Kirkpatrick (eigene Darstellung).

Die **Reaktionsebene** reflektiert die Zufriedenheit der Teilnehmer bezüglich Atmosphäre, Inhalt oder Rahmenbedingungen. Häufig werden dazu am Ende von Trainings Feedbackrunden oder Fragebögen sog. „Happy-Sheets" genutzt, weswegen die Reaktionsebene oftmals als Happiness-Ebene bezeichnet wird.
Die zweite Ebene wird als **Ebene des Lernens** bezeichnet und bezieht sich auf den Zuwachs des Wissens oder der Kompetenzen sowie Änderungen der Einstellung. Zur Lernerfolgerhebung können Wissenstests eingesetzt werden, welche bestenfalls vor und nach dem Training angewendet werden, um den Wissenszuwachs betrachten zu können. Grundsätzlich ist jedoch festzustellen, dass nicht alle Weiterbildungsinhalte über Wissenstest zu erfassen sind und es oftmals notwendig ist, spezielle Tests zu entwickeln, die sich auf die jeweilige Intervention beziehen.[49]

---

[48] Vgl. Kauffeld/Brennecke/Strack (2009), S. 57.
[49] Vgl. Kauffeld/Brennecke/Strack (2009), S. 57.

Auf der **Verhaltensebene** werden Veränderungen im Arbeitsverhalten betrachtet, womit die Umsetzung und Generalisierung bzw. der Transfer in die Praxis gefördert werden soll. Zur Beurteilung von Verhaltensänderungen werden neben systematischen wissenschaftlichen Verhaltensbeobachtungen auch Bewertungen von Kollegen oder Vorgesetzten sowie Arbeitsanalysen herangezogen.

Die **Ebene der Resultate** spiegelt die Effektivität der Weiterbildungsmaßnahmen innerhalb festgelegter Leistungskriterien wieder und dient dem Ziel zu erkunden, inwieweit die die Entwicklungsmaßnahmen zur Erreichung der organisationalen Ziele beigetragen konnten.[50]

3.4 Evaluation im Praxistransfer

Aufgrund der steigenden Zahlen an nicht deutsch-sprachigen Kleinkindern in Kindertagesstätten und der Zunahme von Sprachentwicklungsverzögerungen werden den Erziehern mehrwöchige Weiterbildungsveranstaltungen zur Sprachförderung angeboten, die unter reger Teilnahme besucht werden. Umliegende Kindertagesstätten bekunden ebenso Interesse an einer Übernahme dieser Veranstaltung, weswegen eine Evaluation in Betracht gezogen wird.

Somit werden nach dem Modell von Kirkpatrick im Anschluss an jede Veranstaltung mithilfe der „Happy-Sheets", die Reaktionen der Mitarbeiter bzgl. der Fortbildung gesammelt und als Feedback- und Diskussiongrundlage in der nächsten Veranstaltung genutzt, um Inhalte, Form und Atmosphäre zu beurteilen. Auf der Ebene des Lernens kann der Wissenszuwachs der Mitarbeiter direkt nach den Veranstaltungen erfasst werden. Die Weiterbildung selbst gibt den Teilnehmern einen umfassenden Überblick zu den häufigsten Sprachentwicklungsstörungen und deren Ursachen, ebenso werden Möglichkeiten aufgezeigt, Kinder mit Sprachstörungen sowie Kinder, die eine Verzögerung in ihrer Sprachentwicklung haben, im hektischen Kita-Alltag zu fördern sowie innerhalb der Förderdiagnostik geeignete Sprachtests anzuwenden. Diese neu erlernten Informationen pädagogischer Qualifikationen werden nun mithilfe eigens für das Format entwickelter Tests erfasst und geprüft. Auf der Verhaltensebene können nun bspw. durch ein Feedback der Kollegen oder der Vorgesetzten mögliche Änderungen innerhalb des Arbeitsverhaltens der Mitarbeiter analysiert und beurteilt werden. Es lässt sich bspw. beobachten, dass praktische Übungen zur ganzheitlichen und professionellen Sprachförderung eingesetzt werden, Trainingsmöglichkeiten im Bereich auditiver Wahrnehmung stattfinden sowie frühzeitig Sprachbeobachtungsinstrumente eingesetzt werden, um eventuelle Spracherwerbsverzögerungen bzw. -entwicklungsstörungen zu erkennen. Abschließend kann nun auf der Ebene der Resultate die Effektivität der Fortbildung innerhalb vorher festgelegter Leistungskriterien analysiert

---

[50] Ebd., S. 85.

werden, um festzustellen, inwieweit das Ziel der qualifizierten Sprachförderung durch das pädagogische Kindergartenpersonal erreicht werden
konnte.

3.5 Zusammenfassung

Somit lässt sich festhalten, dass die Evaluation als Instrument zur Beurteilung und Überprüfung der Effekte von pädagogischen Interventionen
eine aussagefähige Art der Qualitätssicherung darstellt. Das Ziel ist zu-
nächst der Vergleich der mit einer bestimmten Maßnahme verbundenen
Absichten mit dem bisher Erreichten. Zudem soll die Auseinandersetzung mit dem bisher Erreichten und erfolgten Maßnahmen das Ergebnis
sichtbar und überprüfbar machen. Gerade um die Qualität innerhalb von
Bildungsmaßnahmen sicherzustellen, bedarf es gesicherter Evaluations-
konzepte die eine Optimierung herbeiführen und trotz Zeit- und Hand-
lungsdruck wissenschaftliche Standards berücksichtigen, um den Kriterien der Forschung gerecht zu werden.

Literaturverzeichnis

Beywl, W., Bestvater, H. (1998), Selbst-Evaluation in pädagogischen und sozialen Arbeitsfeldern. In: Bundesvereinigung Kulturelle Jugendbildung (Hrsg.), Qualitätssicherung durch Evaluation, Remscheid.

Dochy, F. J. (1994), Prior knowledge and learning. In: Husen, T., Postlehwaite (Hrsg.), The international encyclopedia of education (2. Aufl.), Oxford.

Döring, N., Bortz, J. (2016), Forschungsmethoden und Evaluation in den Sozial- und Humanwissenschaften (5.Aufl.), Berlin.

Engel, C. E. (1997), Not just a method but a way of learning. In: Boud, D., Feletti, G. (Hrsg.), The Challenge of Problem-Based-Learning, London

Einwanger, J. (2015), Erlebnispädagogik. In: Kobalt, A.-C., Zajetz, A.-K. (Hrsg.), Anwendungsfelder in Psychotherapie und Pädagogik, Stuttgart.

Göhlich, M., Zirfas, J. (2007), Lernen. Ein pädagogischer Grundbegriff, Stuttgart.

Gollwitzer, M., Jäger, R. S. (2014), Evaluation (2.Aufl.), Basel.

Gruber, H., Stamouli, E. (2020), Intelligenz und Vorwissen. In: Wild, E., Möller, J. (Hrsg.), Pädagogische Psychologie, Berlin.

Hannover, B. Zander, L., Wolter, I. (2014), Entwicklung Sozialisation und Lernen. In: Seidel, T, Krapp, A. (Hrsg.), Pädagogische Psychologie (6.Aufl.), Basel.

Hasselhorn, M. (2020), Pädagogische Psychologie. In: Wirtz, M., A. Lexikon der Psychologie (19.Auflage), Bern.

Kauffeld, S., Brennecke, J., Strack, M. (2009), Erfolge sichtbar machen: Das Maßnahmen-Erfolgs-Inventar (MEI) zur Bewertung von Trainings. IN: Kauffeld, S., Grote, S., Ekkehart, F. (Hrsg.), Handbuch Kompetenzentwicklung, Stuttgart.

Knauf, T. (2003), Der Einfluss pädagogischer Konzepte auf die Qualitätsentwicklung in Kindertageseinrichtungen. In: Fthenakis, W. (Hrsg.), Elementarpädagogik nach Pisa, Freiburg.

Köller, O. (2020). Evaluation pädagogisch-psychologischer Maßnahmen. In: Wild, E., Möller, J. (Hrsg.), Pädagogische Psychologie, Berlin.

Krapp, A., Prenzel, M., Weidenmann, B. (2006), Geschichte, Gegenstandsbereich und Aufgaben der Pädagogischen Psychologie. In: Krapp, A., Weidenmann, B. (Hrsg.), Pädagogische Psychologie (5.Aufl.), Weinheim.

Krapp, A. (2014), Geschichte der Pädagogischen Psychologie. In: Seidel, T., Krapp, A. (Hrsg.), Pädagogische Psychologie, Weinheim & Basel.

Krenz, A. (1996), Die Konzeption. Grundlage und Visitenkarte einer Kindertagesstätte, Freiburg.

Lipowsky, F. (2020), Unterricht. In: Wild, E., Möller, J. (Hrsg.), Pädagogische Psychologie, Berlin.

Marx, S., Götze, D. (2018), Problembasiertes Lernen in der Hochschullehre. In: Dombrowski, U., Marx, S. (Hrsg.), KlimaIng - Planung klimagerechter Fabriken, Berlin.

Mietzel, G. (2017), Pädagogische Psychologie des Lernens und Lehrens (9.Aufl.), Göttingen.

Nungäßer, R.-P. (2017), Studienbrief der SRH Fernhochschule, Riedlingen.

Renkl, A. (2020), Wissenserwerb. In: Wild, E., Möller, J. (Hrsg.), Pädagogische Psychologie, Berlin.

Reinhold, G., Pollak, G., Heim, H. (1999). Pädagogik-Lexikon. München.

Schiefele, U., Schaffner, E. (2020), Motivation. In: Wild, E., Möller, J. (Hrsg.), Pädagogische Psychologie, Berlin.

Skelin, S., Schlueter, B., Rolle, S. Gädicke, G. (2008), Problemorientiertes Lernen. Monatsschrift Kinderheilkunde, Berlin.

Stalmeijer, R., Dolmas, D., van Berkel, H., Wolfhagen, I. (2010), Qualitiy assurance. In: van Berkel, H., Scherpbier, A., van der Vleuten, C. (Hrsg.), Lessons from problem-based Learning, New York.

Weber, A. (2007), Problem-Based-Learning. Ein Handbuch für die Ausbildung auf der Sekundarstufe II und der Teritärstufe (2. Aufl.), Bern.

Woolfolk, A. (2014), Pädagogische Psychologie (12.Aufl.), Hallbergmoos.

Internetquellen

Döpp-Vorwald, H. (2016), Was heißt „Pädagogische Psychologie"? Thesen zur Begriffserklärung. In: Institut für Pädagogik und Gesellschaft (Hrsg.), Pädagogische Korrespondenz, https://www.pedocs.de/volltexte/2019/16619/pdf/Paed-Korr_2016_53_DoeppVorwald_Was_heisst_Paedagogische_Psychologie.pdf, abgerufen am 09.04.2021.

Fachhochschule Dortmund (2018), Was ist Evaluation?, https://www.fh-dortmund.de/de/hs/servicebe/verw/dezernate/v/eval/Was_ist_Eva.php, abgerufen am 12.03.21.

Kromrey, H. (2001), Evaluation – ein vielschichtiges Konzept Begriff und Methodik von Evaluierung und Evaluationsforschung. Empfehlungen für die Praxis, http://www.hkromrey.de/SuB_2001-2-kromrey.pdf, abgerufen am 01.04.2021.

List-Ivankovich, J. (2013), Evaluation von Bildungsprojekten auf der Grundlage von Inventaren. Entwicklung und Erprobung eines Ansatzes im Rahmen von europäischen Projekten, https://ediss.uni-goettingen.de/bitstream/handle/11858/00-1735-0000-0001-BB30-6/Dissertation_Jutta_List-Ivankovic.pdf?sequence=1, abgerufen am 12.03.21.

Müller, E., Couné, B., Goebel, S. (????), Evaluationskonzept - Paliative Care Basics, Albert-Ludwig-Universität Freiburg, Freiburg.

Plassmann, A. A., Schmitt, G., Braun, U. (2007), Universität Duisburg-Essen, Einführung in die Pädagogik, http://www.lern-psychologie.de/common/einf_ew.htm, abgerufen am 07.03.21.

Ricken, J., Roters, B., Scholkmann, A. (2009), Projekt PBL: Wirksamkeit problembasierten Lernens als hochschuldidaktische Methode. In: Hochschuldidaktisches Zentrum der Technischen Universität (Hrsg.), Journal Hochschuldidaktik, https://d-nb.info/1095548972/34#page=7, abgerufen am 08.03.21.

Scriven, M. (1972), Die Methodologie der Evaluation. In: Wulf, Christoph (Hrsg.), Evaluation. Beschreibung und Bewertung von Unterricht, Curricula und Schulversuchen, https://www.pedocs.de/volltexte/2009/1423/pdf/Scriven_Methodologie_EvaluationD_A.pdf, abgerufen am 28.03.2021.

Scriven, M. (1991). Evaluation thesaurus (4th ed.), Inc.https://psycnet.apa.org/record/1991-98719-000, abgerufen am 02.04.2021.

Stangl, W. (2021). Stichwort: 'Pädagogik – Online Lexikon für Psychologie und Pädagogik'. Online Lexikon für Psychologie und Pädagogik, https://lexikon.stangl.eu/1399/paedagogik, abgerufen am 08.03.21.

Stangl, W. (2021). Stichwort: 'Selbststeuerung – Online Lexikon für Psychologie und Pädagogik'. Online Lexikon für Psychologie und Pädagogik, https://lexikon.stangl.eu/4921/selbststeuerung abgerufen am 08.03.21.